敦煌

从新石器时代到今天

赵晓星/著

撒旦君/绘

北京时代华文书局

今天，我们一起出发去敦煌喽！
那里有世界文化遗产莫高窟，可以看到中国古代最精美的壁画。
那里有鸣沙山和月牙泉，可以骑着骆驼在大漠中行走。

品尝葡萄、李广杏、甜瓜……每一种水果都是一段甜蜜的回忆。
敦煌，是古丝绸之路的咽喉重镇，曾是东西方文明交汇的枢纽。

现在的敦煌是我国西北部的一座小城市。可是在古代，这里可是赫赫有名的大都会。

那时敦煌的地域范围很大，包括党河流域和疏勒河流域的广大地区，是中原通往西域的必经之地。

敦煌地区

玉门关

疏勒河

瓜州

玉门

敦煌古城遗址

敦煌

丝路古道

榆林窟

锁阳城

寿昌城遗址

阳关

西千佛洞

莫高窟

米峡口石窟

东千佛洞

昌马石窟

党河

玉女个庙

祁连山

榆林河

（党城湾）肃北

玉门关

大叔，出了这个门您就走上阳关大道了，这批丝绸运到大秦①一定能大赚一笔！

①指罗马帝国。

小朋友，过了这个门就进敦煌了，这地儿可好玩儿了，你的通行证呢？

早在新石器时代，敦煌就有人类生活。这里出土了约公元前 1600 年的生产生活工具、农作物，发现了约公元前 1000 年的房屋遗址。

那时的人们，使用石刀、石锛 (bēn) 进行农业生产，种植麦、粟、黍等农作物。

他们还制作陶器作为生活用具，还有乐器陶埙 (xūn)。

早期人们以石镞(zú)为箭头进行狩猎，大量使用方便携带的细石器，捕获野生的牛、鹿、黄羊、羚羊等动物。

据文字记载，敦煌最早是游牧民族繁衍生息的地方，乌孙人、月氏（zhī）人都曾在这里生活。

乌孙人

月氏人

秦汉之际，月氏人与乌孙人交战，杀掉了乌孙首领，迫使乌孙人向西迁徙到天山以北。

天山

乌孙人

月氏人

公元前2世纪初期，**匈奴人**强大起来，他们击败月氏人，占据了河西走廊和西域。

大部分月氏人被迫西迁到伊犁河流域，被称作"**大月氏**"；继续留在敦煌附近生活的，被称作"**小月氏**"。

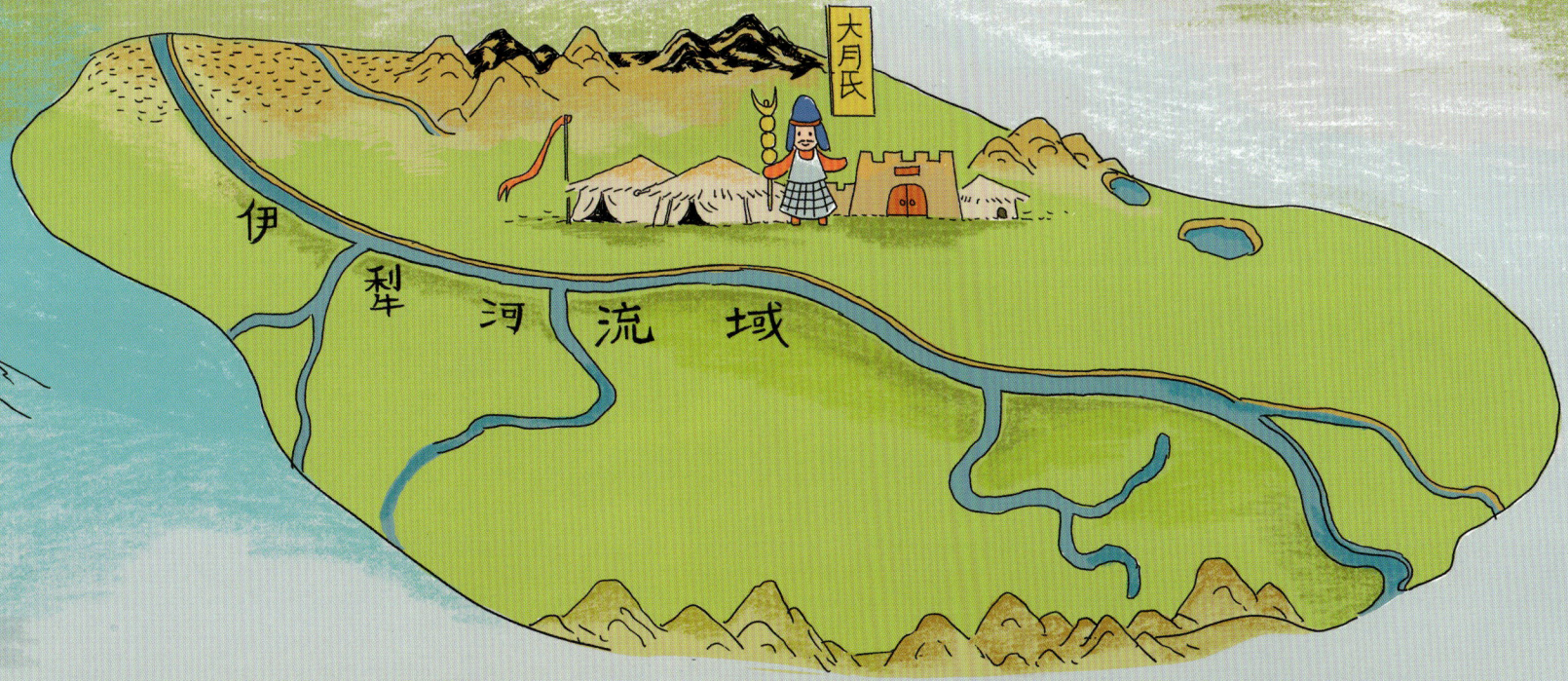

大月氏

伊犁河流域

匈奴

西汉初年，匈奴人不断侵扰汉朝北部边界，占据着河西走廊，阻碍着中原与西域的交通。

公元前 121 年，西汉大将霍去病两次带兵重创匈奴，收复了河西地区，置武威、酒泉二郡。

汉

河西地区·

建元二年（公元前139年），张骞（qiān）受汉武帝派遣出使西域。他带着一百多人的使团从长安出发，西行进入河西走廊后被匈奴人扣押。

直到元光六年（公元前129年）张骞才逃脱，继续西行至大宛（yuān），经康居，抵达大月氏，再至大夏，停留了一年多返回。

在归途中，张骞再次被匈奴人抓获。元朔三年（公元前126年）匈奴内乱，张骞才带着他的匈奴妻子和助手甘父趁机逃回汉朝。

这次出使，第一次使中原和西域有了直接交往，因此也被称为"张骞凿空"。

公元前 111 年，西汉分武威、酒泉两郡，增设张掖(yè)、敦煌，并将长城从酒泉修筑到敦煌以西，在敦煌郡城西面设玉门关和阳关，完成了"列四郡，据两关"之势。从此，敦煌正式成为中原通往西域的门户和边防军事重镇。

再也不怕匈奴人来打劫了！

河仓城

马圈湾烽燧

这里是河仓城，是西汉在敦煌储备军需的大仓库。官兵将士从这里领取粮食、衣物和草料，以保证给养，鼓舞士气。

这里是马圈湾烽燧(suì)，是古代用来传递警报的重要建筑。如果观察到有外敌入侵，士兵就点燃烽火，告诉大家敌人的数量、远近和军情紧急程度。

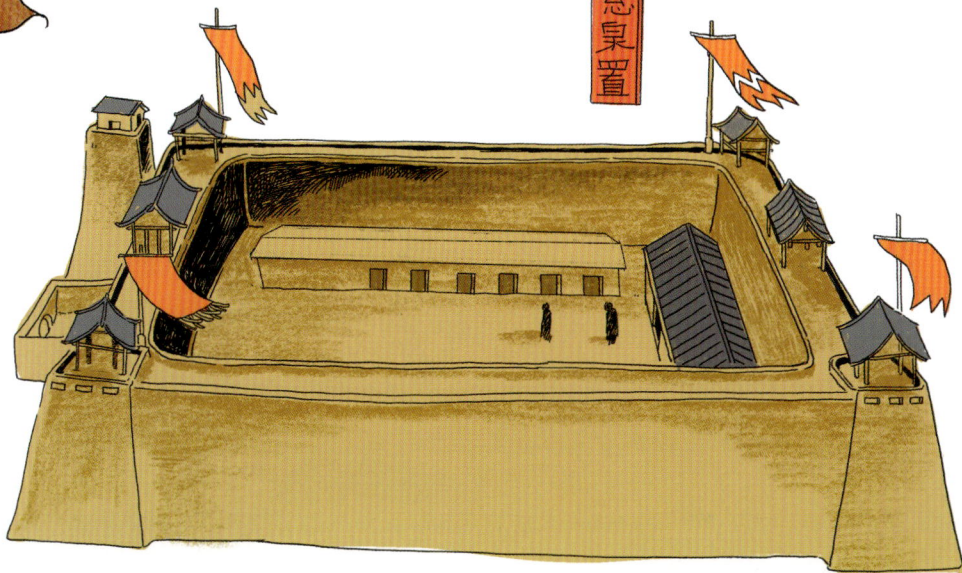

悬泉置

这里是悬泉置，是汉代的邮驿机构。和现在的邮局不同，这里不仅负责传递官府的文件，还为过往的官员和使者提供食宿、车辆、马匹和草料。

13

西汉（公元前202年—公元8年）的敦煌郡包括六个县——敦煌、龙勒、效谷、广至、渊泉、冥安，郡治敦煌。这些县名都很有趣，有几个还有特别的意义。

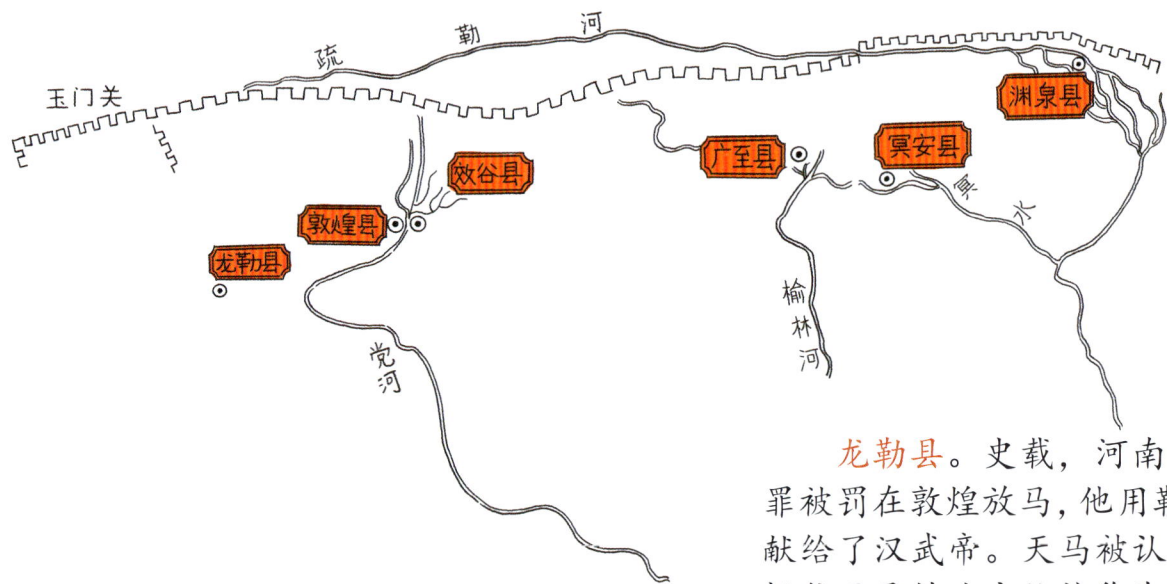

疏　勒　河

玉门关

渊泉县

效谷县

广至县

冥安县

敦煌县

龙勒县

党河

榆林河

冥水

龙勒县。史载，河南新野人暴利长因罪被罚在敦煌放马，他用勒马索抓住天马，献给了汉武帝。天马被认为是龙驹，所以抓住天马的地方就被称为"龙勒"。

敦煌县。"敦，大也；煌，盛也"，"敦煌"形容这里盛大辉煌。

龙勒县

14

效谷县。以前这里被称为"渔泽障",汉武帝时都尉崔不意教百姓开垦田地,以勤效得谷,故名"效谷"。

效谷县

崔不意

渊泉县因当地泉水特别多而得名,看来敦煌在古代不像现在这么干旱哟!

渊泉县

汉武帝多次将内地的居民迁移到这里,并组织移民和士兵开垦土地、种植粮食。敦煌逐渐成为中原王朝经营西域、交通贸易的重要基地。

西汉末年，王莽篡位，中原大乱，包括敦煌在内的河西地区也危机四伏。自愿到河西为官的窦融，因懂得团结各族人民、抚慰百姓被推举为河西五郡①大将军。

①汉昭帝时在河西四郡基础上增设金城郡，合称"河西五郡"。

在他的带领下，河西不仅抵御了羌、匈奴的侵扰，还发展了农业和畜牧业，成为避乱者乐于投奔的安居之地。

世道这么乱，我要找一个地方让母亲安度晚年，河西最适合！

关中粮价太贵了，一石(dàn)米都要两千钱了！河西一石米才两百钱，咱们都到河西安家吧！

17

东汉时期（25—220 年），北匈奴崛起，敦煌成为汉王朝统领西域的军政中心。东汉中后期，主管西域事务的护西域副校尉常驻敦煌。

护西域副校尉

永和二年（137 年），北匈奴袭扰西域，敦煌太守裴岑率兵三千人前往西域迎击。

裴岑纪功碑

裴岑在蒲类海大获全胜并立《裴岑纪功碑》纪念这次胜利。

文武双全

张芝墨池

张奂的长子就是被誉为"草圣"的书法家张芝。张芝从小在水池边练习书法，整池水都被墨染黑。

当时敦煌有位多次打败匈奴、屡立战功的名将，名叫张奂。他也是当时著名的学者。

这时敦煌还出现了一个叫"小浮屠里"的地方，"浮屠"是佛陀或佛塔的音译，说明佛教这时已传入敦煌。

三国魏文帝曹丕时，河西继续实行西汉以来的屯戍(shù)政策，促进了敦煌地区社会经济的发展。太和元年(227年)，仓慈继任敦煌太守。

谷仓

仓慈

他上任后，打压抑制当地的豪强大族，维护了敦煌的安定繁荣。

请把土地分给没有田地的百姓耕种！

积压这么多年的案子要公正快速地审完！

不能让豪强敲诈胡商，必要时请派兵保护商队！